Jared Romey & Diana Caballero

NOMBRES DE BEBÉS DE PUERTO RICO

Nombres modernos, creativos y únicos
de la Isla del Encanto

LANGUAGE BABEL, INC.

Páginas en Facebook	**Twitter**	**Google +**
Speaking Latino	@jaredromey	Speaking Latino
Jared Romey		

TABLA DE CONTENIDO

INTRODUCCIÓN

Si visitas o vives en la Isla del Encanto, puede que te hayas dado cuenta de que los nombres de muchos jóvenes no los has escuchado antes. Tal parece que la tradición de nombrar a los hijos para perpetuar el nombre del papá o la mamá se está quedando en desuso.

Resulta que los puertorriqueños somos muy creativos y únicos en este proceso de nombrar a sus vástagos. Hoy en día no nos conformamos con el simple hecho de seleccionar un nombre común en español como María, Ana, Pedro, Antonio o Luis, sino que creamos nuevos nombres para los bebés. Este proceso creativo ocurre mayormente con la combinación de nombres, como por ejemplo el nombre de ambos padres o dos nombres que les gustan a los padres. Por eso para nosotros es cada vez más común tener amigos o conocidos con nombres como Kathyenid (mujer), Jonathaniel (varón), Lidiette (mujer) o Sadiel (varón).

Nombres de bebés alrededor del mundo

Países como Chile, Nueva Zelanda, Dinamarca, Portugal, Alemania, Francia e Islandia tienen algún tipo de regulación en cuanto a los nombres de bebés. En el 2009, el juez José

Ángel Aquino de la República Dominicana sometió sin éxito una resolución para prohibir nombres "que sean despectivos, extravagantes o vulgares, como resultan aquellos que se refieren a partes del cuerpo, marcas de fábrica, nombres comerciales, personajes de ciencia ficción, palabras popularmente utilizadas de manera ofensiva, entre otros". Con esto pretendía eliminar nombres como "Bobona Guerrero de los Santos, Tonton Ruíz, Adicto de los Santos, Seno Jiménez, Ernesto Che Pérez, Winston Churchill de la Cruz, John F. Kennedy Santana (y) Rambo Mota." [1]

En la revista The Economist del 14 de enero de 2012 se publicó un interesante artículo relacionado a las regulaciones gubernamentales de nombres de bebés. En el mismo se cita una encuesta de los economistas Roland Fryer y Steven Levitt que indica que en la década de 1990, el 30% de las niñas de raza negra en California tenía un nombre único que no estaba repetido con el de ninguna otra niña nacida en el estado ese año. En mi opinión algo similar puede estar ocurriendo en Puerto Rico.

Hasta el momento no he encontrado ningún estudio formal sobre esta práctica en la Isla, pero si existen varias especulaciones. Entre los cortes de prensa que he leído se implican las siguientes dificultades al momento de "inventar" un nombre:

1. No poder distinguir si es un nombre de mujer o hombre.

2. Dificultad del niño para aprender a escribir su nombre.

3. Burlas de los niños en la escuela.

4. Errores en documentos oficiales que podrían conllevar futuras situaciones como invalidez del documento o cargos por realizar correcciones en los mismos.

---

[1]Fuente: **Proyecto prohibe nombres raros.** De Wapa.tv el 21 de abril de 2009. http://www.wapa.tv/noticias/especiales/proyecto_prohibe_nombres_raros_20090421175540.html

Pero nada de estos argumentos sirven como disuasivo para darle rienda a la imaginación Boricua. A mi entender es totalmente válido que los padres deseen que el nombre de su hijo sea único y especial. Así como el niño lleva la sangre de mami y papi, me parece encantador que también su nombre sea un reflejo de ambos.

¿Qué hace que un nombre sea considerado único?

Para la recopilación de material para este libro se consideraron los siguientes métodos:

1. Combinaciones de dos o más nombres. (Ejemplo: Ana + Natalia = Anatalia, Jared + Diana = Jariana, Karla + Lissette = Karlaissette)

2. Alterar la forma en que se escribe un nombre común. (Ejemplo: Jessika por Jessica, Karmen por Carmen, Alanys por Alanis)

3. Creación totalmente nueva. (Ejemplo: Keidaliz, Zoidariam)

4. Nombres que han hecho famosos por los medios de comunicación o personalidades. (Ejemplo: Tanairí, Shakira, Yandel)

5. Utilizados por generaciones anteriores, pero que ya no son populares (Ejemplo: Ruperta, Petronila)

6. Tomar el nombre de una palabra conocida, quizás sin darse cuenta. Dentro de este libro encontrarás una marca de chocolate, un estado de los Estados Unidos, un ciudad en África, una marca de crema corporal, un Muppet famoso, una modelo de carro y un país.

Nombres de Santos

Esta práctica de crear nombres que existe hoy en día entre

los padres jóvenes nutre gran parte del contenido de este libro, pero también tenemos una buena gama de nombres no comunes de personas adultas. ¿Y a qué se debe? Generaciones atrás, la selección del nombre del bebé se hacía de acuerdo al Día del Santo una costumbre muy arraigada en países donde se practica la religión Católica. Los católicos se dejaban llevar por el Santoral o calendario litúrgico que indica las fechas donde se le rinde honor a un santo. Como la Iglesia Católica ha nombrado aproximadamente 10,000 santos y beatos, encontramos que para cada día del año hay más de una opción. Eso quiere decir que si yo hubiese nacido hace 70 años atrás -para el tiempo de mis abuelos y bisabuelos- en Puerto Rico, mi nombre no hubiese sido Diana sino Godeleva, Julita, Leopolda o Ursa. No se preocupen, aquellos que vayan a tener hijos el 30 de julio y quieran seguir la tradición Católica del Día del Santo también tienen otras opciones de nombres como Josefina o María. Actualmente, esta tradición ya no se sigue entre nosotros los puertorriqueños.

Nombres que nacen de artistas y errores

Además de inspirarse en nombres que ya existen para crear combinaciones, los puertorriqueños, al igual que sucede en otros países, se inspiran en nombres de artistas y personalidades famosas. El mejor caso es el nombre del cantante Yandel del dúo de regueatoneros Wisin & Yandel. Su nombre comenzó a aparecer en el 2003 en las listas de los nombres más comunes que publica el Seguro Social anualmente justo cuando la carrera de este dúo despuntó. En ese año se registraron 49 varones con su nombre manteniendo un crecimiento sostenido hasta su pico en popularidad en el 2006 con un total de 96 niños registrados. Los registros de varones con el nombre Yandel han mermado, pero aún se mantiene dentro del listado con 45 varones que llevaron su nombre en el 2010. No sabemos por qué el nombre de su compañero cantante, Wisin, no ha corrido la misma suerte ya que ni siquiera es mencionado en los listados. Este ejemplo me parece muy gracioso dado el hecho de que Yandel es un nombre artístico.

También existen nombres poco comunes por accidente. El caso que mejor lo ilustra es el de mi hermana Analiza. Ella es la única persona que conozco cuyo nombre es un verbo (analizar). La idea de mis padres era nombrarla Ana Lisa, pero la persona en el Registro Demográfico escribió el nombre incorrectamente y así se quedó su identidad para siempre.

A pesar de esta nueva tendencia de crear nuevos nombres, los nombres "tradicionales" siguen siendo los más comunes. Por ejemplo, según información del Seguro Social de los Estados Unidos -que reporta las estadísticas sobre los nombres por separado para Puerto Rico- durante los pasados 12 años el nombre más usado para varón es Luis que siempre ha estado en la posición número uno. En el caso de las niñas el favorito es Alondra que siempre aparece en las primeras cinco posiciones de popularidad.

Esta recopilación pretende estimular y encender la chispa de creatividad de los nuevos padres para que encuentren el nombre ideal para su bebé. No pretendemos estudiar el origen y significado de los nombres aquí recopilados, pero sí celebrar la individualidad de cada persona, inspirando nombres para otros. Disfrute de este paso tan importante en la vida de su bebé.

Diana

NOMBRES PARA NIÑAS

A

Abdielys
Abeida
Abellemarie
Abiliz
Abinely
Abinery
Abisay
Abynalie
Adabel
Adagilsa
Adair
Adalgisa
Adali
Adalis
Adalisse
Adaliz
Adalyz
Adamila

Adamin
Adanys
Adarelys
Adarminda
Adarys
Adavel
Adbely
Addis
Adeivettlissa
Adelinzy
Adeliris
Adelis
Adelma
Adelmarie
Adelyn
Ademaris
Ademir
Adenit
Adializ
Adianez

Adianisse
Adianiz
Adiary
Adieren
Adilén
Adimarie
Adinorath
Adleen
Adlene
Adlín
Adnerys
Adolfina
Adria
Adrialy
Adriannette
Adriel
Adrienne
Adyanette
Aeleen
Aelin

Agapita
Agar
Agmarie
Agracelia
Agracelis
Agripina
Aidaline
Aidalis
Aidalisse
Aidelisa
Aideliz
Aidelmy
Aidil
Aidimarie
Aidiness
Aidza
Ailed
Ailenid
Ailiana
Ailyn
Airaliz
Aireene
Airín
Aisha
Aitza
Aixa
Aizleen
Aiztinel
Alannah

Alanys
Albalisis
Alberticia
Alda
Aldiana
Aleidys
Aleisha
Aleishka
Aleja
Alejandrina
Alejita
Alexa
Alexi
Alexlyane
Aleyda
Aleysha
Aliangie
Alianys
Alichia
Aliesha
Alimaris
Alimarys
Aliris
Alishber
Alissa
Alizaida
Alizay
Alizbeth
Alleen

Allymaris
Allysha
Almarie
Alodia
Aloidy
Alrys
Altemira
Alvilda
Aly
Alynell
Alys
Alyssa
Alyxa
Alyzoet
Amahira
Amairy
Amalie
Amalyn
Amantina
Amarelis
Amareliz
Amarelys
Amberleigh
Ambrosía
Amedaris
Amerilys
Amestry
Amina
Amirelis

Amneris
Anaceli
Anacelis
Anadith
Anaeli
Anai
Anaid
Anaida
Anaika
Anaili
Anairahe
Anaiska
Analix
Analiz
Analiza
Analy
Analyis
Anastacha
Anatalia
Anatolia
Anayancy
Anayda
Anayma
Anayris
Anca
Andrealiz
Andreily
Andri
Aneida

Anel
Anelisa
Anellys
Aneris
Aneshka
Angee
Angelee
Angelik
Angelique
Angelitza
Angelivette
Angeliz
Angely
Angelys
Angenida
Angiliz
Angivette
Ania
Aniceta
Anid
Anitah
Anitza
Anixa
Anjuliette
Anmar
Annelisse
Anneris
Annexaida
Annick

Annielith
Annjoslys
Annyoly
Antolina
Antuanette
Anyelys
Anyrsa
Apolonia
Aracelia
Aradys
Araminta
Aramita
Aranyelis
Arbilia
Arcelia
Arcilia
Ardyce
Areidy
Aremelis
Areyssa
Argynis
Ariadna
Ariagna
Arialy
Ariam
Ariana
Ariannis
Arianys
Ariaska

Aribel
Aricelis
Arisleida
Arisleyda
Aritssa
Ariyaid
Arlin
Arlynee
Armenia
Arsenia
Artdalis
Arwen
Arwinda
Ary
Aryamid
Arylis
Asenet
Ashanti
Ashely
Ashlean
Ashlie
Ashly
Ashlye
Ashnick
Asley
Aslin
Aslyn
Aspacia
Athziry

Atilana
Atneida
Audalina
Audeliz
Audelizbeth
Audrette
Audrey
Aurea Betty
Aurelie
Aurelis
Aurilda
Auronelis
Aury
Avis
Awanda
Axa
Axciades
Axely
Axenette
Ayeisha
Ayholany
Aylliana
Aysha
Ayvialis
Azalia
Azarel
Azaria
Azsa
Aztrid

Azziza

B

Babelyn
Basilia
Basilides
Basilisa
Basthy
Baudilia
Bebalis
Beira
Beisaliz
Belangie
Belanna
Beledis
Beleniris
Belerma
Belisa
Belitza
Beliza
Belkis
Belky
Belybeth
Benalis
Benjalyn
Berenice
Berlitz

Bermaly
Bernardita
Bernice
Berniss
Bernnysse
Bersy
Bertty
Bess
Bessie
Bessy
Bethania
Bethmarie
Bethsaida
Bethzaily
Bethzaley
Betsayra
Betzaida
Betzalie
Betzamabeth
Betzangely
Betzi
Betzmarie
Betzy
Betzzabeth
Bevelyn
Bexaida
Bexanda
Beyra
Bezaida

Bezlyn
Bisset
Bitia
Blasina
Bonifacia
Branda
Braulia
Brendalee
Brendali
Brendalis
Brendaliz
Brendaly
Brendalys
Brendy
Brendymar
Breseline
Brialis
Briana
Briceyra
Bridgiana
Brildalis
Brinesca
Brisdelin
Briseida
Brisneydi
Britzeida
Brizaida
Brumali
Buenaventura

C

Cadeniris
Calisha
Calixta
Candy
Cannie
Cantalicia
Caonina
Carail
Cared
Carelis
Carelys
Carenly
Carian
Carianna
Caribelle
Carilia
Carilyn
Carimarie
Carin
Carinel
Carismely
Carissa
Carleris
Carlina
Carlysmary
Carmen
Carol

Carrie	Cesiannette	Charys
Cartalicia	Cesil	Chasity
Carybelle	Chailyn	Chayra
Caryl	Chaira	Cheila
Carymar	Chakira	Chely
Casilda	Chamir	Chemillie
Casimira	Chanelli	Chenia
Castora	Chaniedid	Cheresada
Castula	Chantee	Cherith
Cateline	Chanty	Cherlie
Cathia	Charelly	Cherlyn
Catiela	Charetsee	Cheryliz
Catili	Charibel	Cheska
Caxandra	Charilaisa	Chevita
Cayita	Charilin	Chianese
Ceferina	Charilys	Chiara
Celady	Charin	Chiedza
Celedonia	Charis	Chrirty
Celenia	Charitín	Chrisangelly
Celenita	Charito	Chrisdaliz
Celeny	Charitza	Chrismarie
Celesmarie	Charleen	Cilia
Celiadenisse	Charlene	Ciliamar
Celibette	Charlensie	Cindia
Celidez	Charlyn	Cindymar
Celinda	Charmaine	Cinthya
Celis	Charolyn	Ciomara
Celisse	Chary	Circe
Cesiah	Charymar	Cire

Civette
Claraitza
Claridia
Clarisell
Clarivel
Clarivette
Clary
Clarymarie
Claudina
Claudy
Cleidy
Cleofe
Cleofina
Clisanta
Clotilde
Conchita
Conda
Confesora
Conorada
Conrada
Coral
Coralia
Coralisse
Corín
Corintia
Corliss
Cornelia
Coronada
Cory

Crecencia
Cresce
Crescencia
Crisalida
Criseida
Crismarli
Crismely
Crissandra
Cristobalina
Cristydian
Cruzaira
Cylinda
Cyndia

D

Dabatha
Dachira
Dacmaris
Dagmari
Dagmarie
Dagmaris
Dagmary
Dahiana
Daiam
Daiana
Daibelis
Daileen

Daily
Dailyn
Daina
Daines
Dairla
Dairyn
Daisi
Daisinette
Daisyre
Daisyrey
Daknes
Dalba
Dalianies
Dalibeth
Dalieli
Dalila
Dalinet
Daliris
Dalis
Dalissa
Dalitza
Daliza
Dalmarie
Dalmariel
Dalmemar
Dalysomayra
Dalytza
Damalis
Damalit

Damari
Damarie
Damarilys
Damaristua
Damarith
Damary
Damarys
Damasa
Damayra
Damiana
Damilsa
Damily
Damir
Damira
Damirelys
Danaliz
Daneida
Daneira
Danelis
Danelly
Danelys
Daneris
Danese
Daneska
Danessa
Danet
Danette
Dania
Danielys

Danila
Danilly
Danisha
Danisher
Danitzia
Daniza
Dannette
Danniebelle
Dannise
Danyz
Daphne
Daphnee
Darelis
Dariancy
Dariangie
Darianis
Darielys
Darilyn
Darinette
Darisabel
Darisbel
Daritza
Darla
Darleen
Darling
Dary
Daryana
Darys
Dasha

Dashia
Dashira
Daslin
Dasmin
Datchira
Daumarie
Dauneris
Daveiry
Dayalí
Dayana
Dayane
Dayaneries
Dayaneris
Dayanna
Daybelis
Dayl
Daylin
Dayline
Dayna
Daynie
Daysi
Dazlyn
Debrah
Debyan
Dedzaida
Deelores
Deida
Deidre
Deilly

Delaila
Delgadina
Delianamar
Deliann
Delinette
Delis
Delish
Delith
Delka
Delly
Delma
Delorean
Delsy
Delta
Delthy
Delyssa
Demetria
Dendadiarena
Denese
Denia
Denice
Denise
Denisha
Denisia
Denisse
Denitza
Denizaira
Dennise
Dennisse

Denys
Derisel
Derly
Deserie
Desidere
Desiret
Desmarie
Dessire
Destiny
Desyrel
Deurcisia
Deximary
Dayanara
Deyanara
Deyanira
Deymis
Deyshka
Dhaime
Dhalma
Dharna
Diadeliz
Diahne
Dialis
Dialma
Diamaris
Diamarys
Diamis
Dianalexia
Dianeliz

Dianellie
Dianeska
Dianette
Dianilda
Dianisa
Dianishia
Dianivette
Dianneris
Diannie
Dianoly
Diara
Didmarie
Diega
Dilania
Dilcia
Dileana
Dilenia
Dilfia
Dilian
Dilma
Dilubina
Dima
Dimara
Dimari
Dimarie
Dimaris
Dimary
Dimarys
Dimas

Dimayra
Dinaris
Dindiana
Dinnellia
Diodaris
Diodexis
Diógenes
Diolide
Diolinet
Diomara
Diomaris
Diomarys
Diomedes
Dionicia
Dionisia
Dionneelly
Dioris
Dipsa
Disnarda
Dolymar
Domitila
Donelly
Donivel
Donny
Doraliz
Dorany
Dorayma
Dorca
Dorcas

Dorcy
Dori
Dorián
Doriana
Doriann
Dorianne
Doricel
Doriliz
Dorimar
Dorinly
Doris
Doritza
Dorka
Dorkaida
Dorline
Drisbely
Dsharonli
Dubilina
Duliana
Dycmarie
Dyddian
Dyhalma
Dylmaries
Dymarie
Dymaris
Dyraida

E

Earleen
Ebineli
Edelmira
Ederly
Edermira
Edibeth
Ediburga
Edicenia
Edilberta
Edilburga
Edivette
Edliannie
Edma
Edmarie
Edmary
Edmee
Edmilly
Ednaseth
Eduarda
Eduvige
Eduviges
Eduvigis
Eduvijes
Efigenia
Efni
Egda
Egelia

Eida	Eliannette	Elizmaried
Eidimar	Eliany	Ellery
Einar	Elianys	Ellis
Einybel	Eliasendra	Elmarys
Eira	Elidia	Elmis
Eiramyle	Elienid	Eloida
Eislee	Elienis	Eloina
Eítza	Eliet	Eloísa
Eladia	Elijinet	Eloyda
Elamar	Elilia	Elpidia
Elbina	Elimar	Elsiedelia
Elcira	Elimarie	Elsy
Elda	Elines	Elva
Eledigia	Elinette	Elvia
Eledys	Elis	Ely
Eleida	Elisandra	Elydia
Eleines	Elisaura	Elymarie
Eleneida	Elisina	Elynnette
Eleniel	Elisita	Elyris
Elenn	Elisivette	Elyse
Eleny	Elismarie	Elyvette
Elercia	Elissoned	Emelee
Elgui	Eliz	Emeleen
Eliadiz	Elizabele	Emelia
Eliana	Elizabet	Emelin
Elianette	Elizabethe	Emelina
Elianis	Elizaida	Emelinda
Eliann	Elized	Emeline
Elianne	Elizet	Emely

Emelyn

Emeri

Emerida

Emeris

Emérita

Emilen

Emilette

Emilie

Emilse

Emiluz

Emilys

Emimar

Emine

Emmarie

Emmarien

Emmy

Emmyliss

Emsey

Emy

Emycel

Enadilis

Enaida

Endy

Enegza

Eneris

Engracia

Enherlinda

Enidsa

Eniks

Enis

Eniser

Enith

Enitt

Enriquelina

Enriqueta

Envelisse

Épica

Epifania

Epimenia

Eraida

Ercilia

Erenia

Éricka

Eridania

Erimir

Erleen

Erlinda

Ermelinda

Erminelly

Ernestina

Erohilda

Eroida

Ervin

Escolástica

Eselyn

Esined

Esmailyn

Esperancita

Estebania

Estefani

Estefany

Estelle

Estevania

Esthephany

Estrervina

Etanisla

Etienne

Etniz

Eudosia

Eufemia

Euladis

Eulalia

Eulogia

Eusebia

Eusobia

Eustacia

Eustaquia

Eutemia

Evalisha

Evaliz

Evanesse

Evangelina

Evangeline

Evangelista

Evangelita

Evangelly

Evangels

Evangely
Evarista
Evelia
Evelidys
Evelis
Evelissa
Evelisse
Evelitza
Eveliz
Everedith
Evergista
Everlidis
Everlidys
Evet
Evette
Evies
Evineliss
Evonny
Evysh
Exmirna
Exsuanette
Eylanne
Eymard
Eyris
Ezequiela

F

Falinda
Fancy
Fanny
Fara
Farha
Fátima
Fausta
Faustina
Faviola
Felicia
Felícita
Felipa
Felmari
Ferey
Fermina
Fideily
Fidencia
Filomena
Filomera
Fily
Fior
Fiordaliza
Fiorela
Flavia
Flerida
Florange
Florangelis

Florarminda
Flordeliz
Florentina
Florimar
Florita
Fortuna
Franceline
Francesca
Franchaska
Francheliz
Franchellie
Franchesca
Francheska
Franchezca
Franci
Francia
Francibeth
Francine
Francisca
Francisgina
Francoise
Francys
Franlisse
Franshelis
Fransheslie
Fransualis
Fredeswinda
Frenchy
Freyda

G

Gabrieliz
Gadelyn
Gala
Gamary
Gaudy
Geesel
Geisa
Geisha
Geiza
Gelanie Anid
Gelin
Gelinette
Gelliann
Gelsy
Gelymar
Genevieve
Genoveva
Genovie
Gentzabel
Georgeana
Georgina
Georyanna
Geovanna
Geralda
Geraldita

Geranid
Gerarda
Gerardina
Gerenalda
Gerlyn
Germana
Germarie
Germaris
Germiene
Germyn
Gernabelle
Geronima
Gerryan
Gertrudis
Gesilenia
Getza
Gezette Marie
Gheidys
Ghia
Giancara
Gianka
Gianna
Giannina
Gileska
Gillesy
Gilmarie
Gilvelisse
Gina
Gineris

Ginessa
Ginette
Gineyra
Ginnette
Ginny
Giohannie
Giomarie
Giomary
Gionira
Giorelix
Giosanny
Gira
Gisel
Gisellemarie
Giselly
Giselys
Gissely
Gisselys
Gisuel
Gitza
Gizelle
Gizet
Gladines
Gladixsa
Gladyann
Gladynel
Gladynelle
Glaishma
Glamarys

Glanidsa
Glaricelis
Glaris
Glarysel
Gledia
Glendali
Glendalis
Glendaliz
Glendaly
Glendalys
Glendy
Glenlybeth
Glenn Marie
Glenny
Gleny Yesen
Glenyamiles
Glewyndaliz
Glicelle
Glised
Glizette
Gloreinne
Gloriamary
Glorian
Glorianette
Gloriannie
Gloribee
Gloribel
Gloribeth
Glorie

Glorieliz
Glorietty
Gloriluz
Glorilyn
Glorimely
Glorina
Glorinette
Glorisel
Gloriselle
Gloritza
Glorivee
Glorivel
Glorivelisse
Glorivette
Glorivianne
Gloromilda
Glorrianne
Gloryangeli
Gloryann
Glorybel
Glorybell
Glorylee
Glorymar
Glorymir
Glorynes
Glorysmali
Gloryved
Gloryvee
Gloryvette

Gonzala
Govinda
Gracesha
Gracezabeth
Graciaodette
Gracielina
Gracielli
Gracielly
Graciliana
Gramelia
Grecia
Gregoria
Greicy
Gresylene
Gretchene
Gretcher
Gretmarie
Gretshen
Gretza
Gretzel
Gretzie Jan
Greycha Marie
Greysha
Greyssa
Gricel
Gricelia
Gricelis
Gricelle
Grimaldi

Grimarys
Grisdeliz
Grisel
Griser
Grisheyla
Grismarie
Grisolette
Grizaida
Grizert
Grizette
Grysseyliz
Gudelia
Gueisha
Guelmarie
Guelymar
Guimary
Gumercinda
Gumersinda
Gurian Marie
Gwendely Dazlyn
Gwendolyn
Gydashky
Gymari
Gynna
Gysela

H

Haddel

Haddy
Haidee
Haidy
Haizel
Halima
Harhisha
Haydie
Haymet
Headdie
Hebe
Hecdalis
Hecdys Joan
Heciris
Hecmarelis
Hecmarie
Hecmary
Hectlys
Heida
Heiddy
Heidie
Heidy
Heileen
Heily
Heilyn
Heisa
Heisha Marie
Helga
Helia
Hellitz

Helvetia
Herdil
Herica
Herma
Hermarie
Hermenegilda
Hermogene
Hermógenes
Hermy Idalia
Herodis
Heroilda
Heyda
Heydalexa
Heysel
Heysha
Higinia
Hilcias
Hildamaris
Hildelisa
Hilsa
Hilvia
Himilce
Hipólita
Hiraida
Hiramilis
Hiriana
Honoria
Horialis

I

Ibelimary
Iberelis
Ibeth
Ibis
Ida
Idabell
Idali
Idalia
Idalice
Idalie
Idalina
Idalis
Idalise
Idalissa
Idalisse
Idaliz
Idaliza
Idalme
Idalmis
Idalmy
Idalys
Idamar
Idamaris
Idangelic
Idangely
Idanis
Idaris Enid

Idary
Idasel
Idelisa
Idelisse
Ideliz
Ideliza
Idesse
Idette Yarixa
Idis
Idith
Idolina
Idualys
Igmarie
Ignarda
Ignasia
Igris
Igsi
Ilca
Ildna
Ileaneth
Ileanett
Ileanexi
Ileanexis
Ileangelis
Ileis
Ilene
Ilia Nitsa
Iliam
Ilianette

Ilka
Illelipsy
Illian
Illiane
Ilsia
Iluminada
Ilvya
Imalay
Imeida
Imerda
Imirllari
Ina
Ineabell
Ineabelle
Inelis
Inelisse
Inginia
Iniabel
Iniabelle
Init
Inmarie
Inocencia
Iolda
Iomarys
Irache
Iraima
Iralys
Iramia
Irany

Ircha
Ireliz
Irelys
Irenda
Irens
Iriacnet
Irian
Iriany
Iricel
Irisbel
Irisbell
Iriselis
Irish Betzy
Irisjan
Irmalis
Irmarie
Irmarilis
Irmaris
Irvia Idalie
Irvian
Isadayri
Isaeileen
Isaleanet
Isamar
Isamarie
Isamary
Isare
Isbeel
Isel

Isela
Isell
Isern
Ishataimmy
Ishell
Isila
Isis
Isisnachelly
Ismaiet
Ismari
Ismarie
Ismary
Istia
Itsamar
Itza
Itzahyana
Itzaira
Itzamar
Itzary
Ivana
Ivanelysse
Ivania
Ivanid
Ivannette
Ivanska
Ivelis
Ivelises
Ivelissa
Ivelisse

Iveliza
Ivelys
Ivessika
Ivia
Ivismarie
Ivonnette
Ixa
Ixaivia
Ixchel
Ixeanely
Ixia
Izaidy Beth
Izeris
Izomalee

J

Jaced
Jacelyn
Jacinta
Jackelin
Jackeline
Jackelyne
Jackiline
Jackleen
Jackmary
Jackseline
Jaclyn

Jaclyn Gisuel
Jadeline
Jadira
Jaedy
Jael
Jaeleen
Jaelynn
Jaemilyn
Jahaira
Jahgen
Jahomy
Jaileen
Jailene
Jailine
Jailyn
Jailynne
Jaimarie
Jaimie
Jainiés
Jaítza
Jaizel
Jalexandra
Jalimar
Jamaris
Jamarys
Jameris
Jamesie
Jamie
Jamilette

Jammilah
Jammile
Jan
Jancie
Jancy
Janedith
Janeisy
Janeixa
Janelee
Janelise
Janeliz
Janelle
Janelly
Janellys
Janelys
Janeniris
Janeri
Janeris
Janerys
Jani
Jania
Janibiz
Janice Japhire
Janiece
Janiellys
Janielys
Janilette
Janina
Janine

Janira
Janiraliz
Janitza
Janitzy
Janmarily
Janna Milena
Jannely
Jannilly
Jansenny
Janyll
Janzmari
Japhire
Jaranaiza
Jarelis
Jarelisse
Jaribet
Jarielys
Jariette
Jaritza
Jarivette
Jarlin
Jarlyn
Jasais
Jashai Annette
Jashira
Jashira Marie
Jasmelly
Jasminda
Jasmira

Jaychaliz	Jeilymar	Jennifer Lynn
Jayleen	Jeilyn	Nasira
Jaylene	Jeimily	Jennifred
Jaylin	Jeimimar	Jennis
Jaylinette	Jeini	Jennisbeth
Jaymarie	Jeisa	Jennise
Jaymie	Jeissa	Jennylee
Jaysa	Jekamil	Jennylin
Jazmira	Jelice	Jennyliz
Jeami	Jelis	Jennyloo
Jeanelie	Jelisa	Jenyeira
Jeanelly	Jelissa	Jericka
Jeaneska	Jelitsa	Jeritza
Jeanetsie	Jelitza	Jeroline
Jeanette	Jellixza	Jerónima
Jeanie	Jem	Jesaira
Jeanmarie	Jenauny	Jesamary
Jeanna	Jenerssi	Jeselyn
Jeanne Ivette	Jeniann	Jesena
Jeannelis	Jenie	Jesika
Jeannette	Jeniliz	Jesimar
Jeannyra	Jenille	Jesinette
Jeara	Jenillee	Jesinia
Jeassy	Jenimar	Jesivette
Jedith	Jenipher	Jeslie
Jeenher	Jenissa	Jesly
Jeika	Jenitza	Jesmarie
Jeileen	Jennette	Jesmary
Jeillyn	Jennie	Jesselle

Jessena
Jessica Zadiel
Jessika
Jessline
Jessmarie
Jesusa
Jesussa
Jethzabelle
Jetsenia
Jetsybell
Jetzabel
Jexenia
Jeylene
Jeyliz
Jeyra
Jeysa
Jeysha
Jezabel
Jhaitza
Jhancy
Jhanis
Jhanitza
Jickys
Jienny
Jillia
Jimmelizabeth
Jinan
Jinet
Jinette

Jinitza
Jinneiry
Jinny
Jipsy Marie
Jiselle
Jiselly
Jissela
Jisselle
Jisselys
Jissette
Joaly
Joam
Joamilette
Joan
Joana
Joanette
Joanly
Joanmarie
Joann
Joanna
Joanne
Joannette
Joannie
Joannne
Joanny
Joanska
Joany
Joaquina
Joarelia

Jocelyn
Jocelyne
Jochebed
Joelia
Joelian
Joelly
Joely
Joemily
Joen
Joeny Marie
Joesmari
Jogalys
Johalicen
Johalys
Johanis
Johanit
Johannah
Johannie
Johannis
Johanny Marie
Johany
Johanys
Johayra
Joheinys
Johenid
Joivelisse
Jolene
Jolymar
Jomaira

Jomally

Jomara

Jomarie

Jomary

Jomarys

Jomayra

Jondaly

Jonely

Jorannie

Jorgila

Jorisabel

Jormarie

Josaira

Josaranie

Josefa

Josey Mirelys

Jossie

Jossimarye

Jossmarie

Jossy

Josynel

Joura

Jovalise

Jovana

Jovanka

Jovanna

Jovanny

Jovina

Jovita

Joyce Marie

Joyceneidy

Joyse

Juary

Jubilmar

Judcel

Judis

Judit

Judithssan

Judymar

Juliany

Julianys

Julibeth

Julicell

Juliesa

Juliette

Julievette

Julimar

Julinés

Julissa

Julisvette

Julitza

Julivette

Julyssa

Junaira

Junian

Junitza

Jurizan

Jusmary

Justacia

Juvetzy

K

Kacie Cherlyn

Kaholy

Kailine

Kairiana

Kaishla

Kaislah

Kaitlyn

Kaleishmi

Kamalieh

Kamid

Kamil

Kamilah

Kammy

Kamy

Kaoru

Kareena

Kareliz

Karellys

Karelyn

Karelys

Karem

Karemly

Karenin

Karenina Natalia
Karenly
Karent
Kariana
Karianise
Kariann
Karidad
Karidgie
Karielly
Karielys
Karilyn
Karima
Karime
Karin
Kariowaxa
Karishna Nicole
Karislin
Karitza
Karla
Karlaissette
Karlaliz
Karleen
Karlenie
Karma
Karmarie
Karmen
Karmy
Karol
Kary

Karylin
Katany
Katheryn
Kathia Yaris
Kathie
Kathiria
Kathirya
Kathryn
Kathya
Kathyenid
Kathyria
Kathyska
Katia
Katia Marie
Katia Yari
Katia Yaris
Katia Yary
Katiana
Katianette
Katilia Marie
Katina
Katiria
Katsi
Katyriam
Kaura
Kayla
Kaylaliz
Kaysa
Kaysie

Keanny
Keidaliz
Keidy
Keila
Keilee
Keilie
Keilyn
Keimalys
Keira
Keirisis
Keisa
Keisha
Keishla
Keishla Dessire
Keishmary
Keishmer
Keisla
Keisy
Keisy Denisse
Keixha
Keiza
Kelitza
Kelly Janellys
Kellymel
Kelmy
Kendra
Kenelma
Kenia
Kenia Lee

Kenira
Kenthya
Kenuelys
Keren
Kesha
Keshia
Kesly
Kessiria
Ketsia
Ketsy
Ketty
Keycha
Keyla
Keyla Liz
Keylee
Keylene
Keylisa
Keymarie
Keyna
Keyra
Keysha
Keysha Yesenia
Keyshla
Keyshla Katiria
Keyshla Zoe
Keyshly
Keysla
Kharem
Khenia

Khitsy
Khyrsis
Khyrsys
Kiara Lee
Kiara Lis
Kiara Marie
Kiaralis
Kiaraliz
Kiarely
Kichayra Lee
Kienny
Kildean
Kilsey
Kimberlie
Kimberline
Kimberlys
Kimeris
Kimet
Kimitzia
Kiomara
Kiomarie
Kiomarilyn
Kiomary
Kiomery
Kiria
Kiriath
Kirsi
Kirstielynn
Kirsy

Kisha
Kisha Amneris
Kisha Zoe
Kissairis
Kithiasoet
Kizai
Klaribell
Klariss
Koral
Koralys
Krimhilda
Krisbel
Krismar
Krismerry
Kristaly
Kristhia
Kristia
Kristina
Kristtia
Kritzeli
Krizcia
Krizia
Krysmari
Krystal Lynn
Krystel
Krystle
Kryzia
Kylean
Kymberlin

Kyriat Charis

L

Lacila
Lackechia
Lady
Lahis
Lained
Lalishka
Lalybeth
Lamacristina
Lamaris
Lanny
Lary Enid
Latisha
Laudelina
Lauratell
Laureanne
Laurelys
Lavignia
Lavinia
Layda
Lazara
Lazarett
Leadys Nelia
Leanette
Leanora

Lebiram
Leda
Ledys
Leemagdali
Leexandra
Leeziy
Leginska Yahymara
Legna
Leichlany
Leichlim
Leidy
Leilani
Leilanis
Leilany
Leimar
Leira
Leisally
Leixa
Lenaly
Lenibeth
Lenna Sogeily
Lennis
Lenny Esther
Lenys Mireya
Leocadia
Leomaris
Leonarda
Leoncia
Leonides

Leorgia
Lercy
Lerma
Lerys
Lesbia
Lesby Winda
Leshliane
Leslian
Lesliebel
Lessuan
Lesvia
Letty
Letty Joan
Leyda Rosana
Leyka Yenetza
Leyniska
Leynna
Leyra
Leyshla
Liadys
Liamys
Liana
Lianabel
Lianely
Lianett
Lianette
Lianette Iliam
Lianibeth
Liannelys

Liany
Liboria
Librada
Liceliz
Licelott
Licet
Licialy
Licy
Lidelisse
Lidelys
Lidianne
Lidice
Lidied
Lidiette
Lidrada
Lidubina
Liduvina
Lidy
Liesel
Liestchen
Liety
Ligia
Ligny
Ligsia
Lilin
Lilmarie
Lilybeth
Limar
Lindemar

Lineethe
Linel
Lingerie
Linneidy
Linnete
Linnette
Lirca
Lirimar
Lisaira
Lisanaeli
Lisandy
Lisangela
Lisaura
Lisbelle
Lisela
Lisell
Liset
Lisnel
Lissuannette
Litshaivette
Litzaida
Litzi
Livette
Lixalis
Lixlia
Liz Yinellys
Lizaida
Lizalee
Lizanne

Lizaries
Lizayra
Lizbel Cristina
Lizbenette
Lizceidy
Lizdalia
Lizdeika
Lizdianel
Lizeida
Lizelyn
Lizmaira
Lizmeliz
Liznei
Liznel
Liznelly
Liznelt
Llarilys
Llomar
Llovianska
Loaiza
Loanda
Loira
Loiz
Lolibeth
Longina
Longira
Loraima
Lorelei
Lorell

Loren
Lorenza
Loriam
Loriann
Lorimar
Lorka
Lormariel
Lornyvette
Lorraine
Loruhama
Louana
Lourdeliz
Lourrienn Gisel
Loyma
Lubelmarri
Lucelenia
Lucelian
Lucette
Lucina
Lucinda
Lucinette
Lucydalies
Ludivina
Ludovina
Ludwina
Luisel
Luisette
Lulda
Lumari

Lumaris
Lumary
Lurmar
Lusandy
Lusely
Luvana
Luz Adelma
Luz Celenia
Luzbel
Luzbeth
Luzeika
Luzeni
Luznatalee
Luzuannette
Lyanis Marie
Lychmarie
Lydia Eulalia
Lydianet
Lydibelle
Lydiet
Lydimarie
Lydinés
Lymari
Lymarie
Lymaris
Lymary
Lymarys
Lynda
Lynelis

Lynissa
Lynnes
Lynoshka
Lysandra
Lysbeth
Lyset
Lyska
Lysmarie
Lysmaris
Lysset
Lyssette
Lyssie
Lysvette
Lyther
Lyumma
Lyzandra
Lyzvette

M

Mabed
Mabel Aimeé
Madalis
Madeli
Madeling
Madelyne
Madian
Madilin

Mady	Malta	Margy
Maeline	Maradalis	Mari Teody
Magali	Maralice	María Ercilia
Magalis	Maralis	María Idali
Magaly	Maraliz	María Jovina
Magalys	Marangeli	María Nelsida
Magdalis	Marangelie	María Otilia
Magdaly	Marangelly	María Virgen
Magdaris	Marangely	Mariabel
Magdelis	Maranyelis	Mariadelys
Magdilis	Marari	Mariam Joely
Mahali	Marcelly	Mariame
Mahalia	Marciana	Mariamjuly
Mahaly	Marcola	Mariamlly
Mahelet	Marcolina	Marianellis
Maibelis	Marcybeth	Marianett
Maibeliz	Mared	Mariangelí
Maida	Mareisa	Mariangelie
Maidaly	Mareli	Mariangelis
Mailene	Marelis	Mariangely
Mairilys	Marella	Mariangelys
Mairim	Marelyn	Marianyelin
Mairym	Marena	Marianyili
Malenie	Margalyz	Maricelli
Maleny	Margety	Marichelle
Maletsis	Marggie	Maricsa
Malini	Margi	Maridelis
Malixza	Margielette	Marie Zulma
Mallory	Margorie	Marielix

Marieliz	Marlene	Megdalea
Mariellys	Marlín	Meileen
Marielmi	Marline	Meiling
Mariely	Marlis	Meiryn
Marielys	Marlyn	Meisy
Mariesely	Martaivonne	Melaney
Mariher	Marva Lee	Melani
Marilaida	Mary Cheila	Melania
Marimonsi	Marybet	Melaries
Marinés	Maryland	Melba
Marinesly	Maryliam	Melbadelise
Marinly	Marylisabet	Meleiny
Marioli	Marytte	Melianyelit
Marioly	Masail	Melissa
Marirssa	Massa	Melita
Marisa	Maura	Melitza
Marisel	Mavelyn	Meliza
Mariselix	Maximina	Melmary
Mariset	Mayda	Mency
Marisoliz	Mayelin	Merab
Marissa	Mayeling	Meralys
Maritza	Mayelinne	Meralys Soleil
Marivelisse	Mayleen	Merania
Marivette	Maylix	Merari
Marixabel	Mayrobie	Merarie
Marizaida	Maysun	Merarys
Marizol	Mayza Luz	Mergies
Marjorie Crystal	Medelicia	Meriland
Marleen	Medelisia	Merlix

Merly

Mersa Ivette

Merva

Mervaliz

Meryanne

Merylane

Meryssa

Meycy

Micheila

Micheyka

Midali

Midaly

Midelis

Midia

Migda

Migdalí

Migna

Mignaliz

Mignelly

Migxenia

Milangie

Milayda

Milayka

Milbet

Milca

Milca Yisette

Milcaleny

Miledis

Miledy

Milena

Mileny

Milet

Mileydis

Mileyka

Mileyshla

Milianette

Milidan

Milisa

Militza

Milively

Milixsa

Milka

Milliane

Millianett

Millicent

Millicet

Millivette

Milmary

Milsabel

Milta

Miltalyz

Miluirys

Milvia

Milyrca

Mimagdy

Mimary

Mimiza

Mindelys

Minee

Minelis

Mineliz

Minelly

Minna

Minnette

Minoshka

Miosotis

Miraidaliz

Miralia

Mircia

Mireddys

Mireely

Mireidi

Mireidy

Mirelis

Mireliss

Mirella

Mirelsa

Mirely

Mirelys

Mireni

Miresel

Mireya

Mirheilen

Miria

Miriam Yamilka

Miriany

Mirka

Mirla

Mirnaliz

Miroslava

Mirta

Mirtelina

Mirtha

Mirtheschka

Mirtia

Mirza

Mishelle

Misleyda

Misol

Mitchelle

Mititza

Mitzi

Mivian

Mivlin

Mixia

Monín

Monsita

Morayma

Myanell

Mychally

Mydalis

Myleshka

Mylexia

Mylitza

Mylka

Mylmarie

Myosotis

Myra

Myraida

Myralis

Myreliz

Myriam

Myrian

Myrliana

Myrliza

Myrnaliz

Myrnelis

Myrta

Myrtelina

Myrzabel

N

Nachaira

Nachaliz

Nadeida

Nadhira

Nadhya

Nadine

Nadiuska

Nadja Noraly

Nadyalee

Nadyan

Naelis

Nahed

Nahiony

Nahir

Nahirlee

Nahivys

Nahomi

Nahomys

Naiara

Naihomie

Naikalee

Naila

Naila Milbet

Nailin

Nailyn

Nair

Nairobi

Nairobis

Nairy

Naishaly

Naitza

Naiza

Nakicha

Naldy

Nalfa

Nalissa

Nanali

Nanchelle

Naneshka

Nanishka

Nanysma	Nayla	Nelis
Nara	Naylis	Nelisa
Naraya	Naymarie	Nelismar
Narcisa	Nayra	Nelitza
Narda	Nayrimlee	Nellidiz
Nardaliz	Naysa	Nellied
Nardy	Naysha	Nellynet
Nasha	Naytsha	Nellys
Nashalí	Nechel Marie	Nelmary
Nashalie Michelle	Néctar	Nelmarys
Nashaly	Neditza	Nelsa
Nashely Suzette	Nedzabeli	Nelsida
Nasheyma	Nedzabellie	Nelsie
Nashira	Nefertiti	Nelsiel
Nasira	Neich	Nelsy
Natacha Nicol	Neida	Nelva
Natasha Yamile	Neilyan	Nelysha
Natividad	Neimy	Nemaris
Natya	Neimylis	Nemesis
Navila	Neisa	Nenuchka
Nayades	Neisha	Nerida
Nayadeth Roxana	Neitza	Neriluz
Naycha Liz	Neiyla	Nerinell
Nayeli	Nejla	Neritza
Nayelis	Nelany	Nermary
Nayeliz	Nelcie	Nerva
Nayely	Nelda	Nery
Nayhomi	Neldy	Nerylú
Naykin	Nelika	Neshmaida

Neslimar

Nesmarie

Netza

Netzy

Ney

Neyma

Neyra

Neysa

Neysha

Neyshma

Neyva

Neyvelisse

Nhakia

Niaris

Nibia

Nicanora

Nichbel

Nichet

Nichole

Nicholle Marie

Nicol

Nicolasa

Nieriv

Nigmary

Nihurka

Nilangely

Nilca

Nilda

Nildalis

Nildaly

Nildamari

Nildes

Nildy

Nilibeth

Nilis

Nilken

Nilliam

Nilma

Nilmarie

Nilmaris

Nilmary

Nilta

Nilvette

Nilvia

Nilza

Nimia

Nimsi

Nindileris

Nini

Niniveth

Ninoshka

Ninuschka

Niriam

Nirka

Nirma

Nirmaris

Nirose

Nishma

Nishmenth

Nismarie

Nita Iris

Nitzaida

Nitzali

Nitzaliz

Nitzia

Nitzy Susej

Niurka

Niushka

Niuska

Niva

Nivea

Nivia

Nivial

Nixa

Nixsaliz

Nizhah

Noanil

Noelany

Noelanys

Noelis

Noely

Noemaris

Noemirys

Noerca

Nohely

Nojely

Nolly

Nolyanne
Nomayra
Noraida
Noraima
Noralee
Noralis
Noralisse
Noraliz
Noraly
Norangely
Norayma
Norcary
Noreliz
Norelma
Norelys
Noribel
Norie
Norka
Normaliz
Normari
Normarie
Normaris
Normary
Normarys
Norymar
Noyolawilda
Nubia
Nurvidia
Nushka

Nuvia
Nycole
Nydiaam
Nydiana
Nydsy
Nyliram
Nyrka
Nyrsa
Nytzali
Nyvia

O

Obdulia
Obet
Odemarie
Odemaris
Odemarix
Odesta
Odilia
Odimar
Ogdina
Oheris
Olgalys
Olguimar
Olida
Olinda
Olpha

Omaira
Omairy
Omara
Omarilys
Omaris
Omaya
Onali Estelle
Onelia
Onellis
Ordonel
Oria
Orialis
Orializ
Orialy
Oriana Zohima
Oriann
Orlanda
Orlnim
Orosia
Orpha
Orquídea
Osilys
Otilia

P

Palvina
Pansy

Pascuala
Patsy
Patty
Paulette
Pebbles
Percida
Perfecta
Persia
Persida
Petra
Petrona
Petronila
Phaedra
Pierina
Pierrette
Porfiria
Práxedes
Primitiva
Pura
Purificación

Q

Quéndida
Quetcy
Quintina

R

Rabssarys
Rachelie
Rafmin
Rahaiza
Rahissa
Rahiza
Raisa
Raissa
Raiza
Ramelia
Ramesis
Randor
Raphet
Raquelisha
Raxelis
Rayeline
Raysa
Raysha
Rayssa
Rayza
Regalada
Reinalis
Reinaliz
Reneida
Resi
Restituta
Reymi Elizabeth

Reyneria
Rhea
Rianchell Marie
Richel
Risela
Ritangeli
Ritza
Robyannie
Rochelle
Rochelly
Roddy
Rodica
Rogelia
Roisma
Romaris
Rosael
Rosaidith
Rosaira
Rosalia
Rosalie
Rosalina
Rosalis
Rosaliz
Rosallie
Rosaly
Rosaycela
Rosayde
Rosayme
Rosemarieann

Rosemeli
Roshelly
Rosines
Rosirma
Rosiry
Rossangel
Rossed
Rossmarie
Rossymar
Rosyeimid
Rotsen
Rousaly
Rubeli
Rubencia
Ruddie
Ruddy
Rufina
Ruperta
Rutdaliz
Ruthdes

S

Saaelis
Sabeel
Saby Nelly
Sachamarie
Sachayra

Sadoyeliz
Sahily
Sahudi
Saibel
Saida
Sailin
Sailly
Saira
Sairelis
Sajire
Salvita
Salya
Samaeliz
Samaida
Samaira
Samara
Samarit
Samarivette
Samayra
Sameilia
Samirca
Samitza
Sandibel
Sandimary
Sandrali
Sandybell
Sanya
Sarahi
Saraí

Saraid
Sarangelys
Sarely
Sari
Sariany
Saribel
Saribet
Saribeth
Sarinette
Saripzia
Saritza
Sarkis
Sary
Sarybeth
Saryvette
Sasha
Sashalee
Sashly
Saturna
Saturni
Saturnina
Saudhi
Saudy
Sawally
Saya
Sayda
Saydda
Saydeth
Sayra

Sayrin
Scarlette
Scheyla
Secundina
Seferina
Selenes
Selenia
Selmarie
Selmira
Selymar
Semiramy
Senobia
Serafina
Sergida
Severa
Severeana
Shadia
Shadrim
Shaila
Shailine
Shailym
Shailyn
Shaira
Shakira
Shakyra
Shaleyka
Shalimar
Shalimst
Shalitza

Shalom
Shamary
Shamayla
Shamillette
Shandri
Shannon
Shantel
Sharely
Sharenly
Sharian
Sharifa
Sharleen
Sharlene
Sharline
Sharlyn
Sharmarie
Sharomy
Shary
Sharylan
Shauntelle
Shayna
Shayra
Sheilin
Sheily
Sheilyn
Sheilynette
Sheira
Sheiska
Shelin

Shelly
Shellymar
Shelyann
Shera Yaitza
Sherabyd
Sherell
Sheritzah
Sherlymar
Sherlyn
Sheryl
Sherys
Shevannig
Sheyla Yamina
Sheylamar
Sheylamarie
Shierly Mary
Shira
Shirally
Shirany
Shudam
Shyalala
Shynethzie
Sibia
Sigrid
Sijam
Silfida
Silka
Silka Janet
Silkia

Silmarie	Solmarie	Stephanme
Silmary	Solmary	Sthephanie
Silveria	Solmayra	Suanette
Silvestra	Solymar	Suannette
Simirna	Solymarie	Sue Haley
Sinara	Somarie	Suehati
Sindia	Sonami	Suelly
Siria	Sonibert	Suen
Siris	Sonimar	Sueseline
Sixta	Sonja	Sugeil
Soamy	Sonmarie	Sugeily
Soane	Sony	Sugein
Soangelis	Sonya	Sugey
Sobeida	Sonyvette	Suhail
Soenair	Sophia	Suhaily
Soex	Sophy	Suhalee
Sofismarie	Soralis	Suhei
Sogeily	Sorangel	Suheidy
Sojairy	Sordanela	Suheil
Soledith	Sorein	Suheilian
Soleil	Soreli	Suheily
Soleimar	Sorgalim	Suhgeil
Soleiny	Sorializ	Suineth
Solemy	Soriam	Sujei
Solibeth	Sorieliz	Sujeil
Solimar	Sorlinda	Sujeila
Solivette	Sory Ivette	Sujeilly
Solkira	Sorymar	Sujeily
Solmari	Stancy Nicole	Sujeimy

Sujeylie
Sulai
Sulaika
Sulay
Suleika
Suleil
Sulerys
Suley
Suleyka
Sulier
Sulimar
Sulinett
Sulis
Sulisaday
Suljeily
Sullay
Sullenid
Sullynett
Sulmary
Sulrey
Sureily
Surelys
Surgei
Surgey
Suria
Suriel
Surjei
Susej
Suyin

Swimary
Sybella
Sylkalianett
Sylkia
Sylmarie
Sylviamarie
Sylvianne
Syndia
Synthia

T

Tahiri
Tahis
Taimysha
Tainairy
Tainya
Tairaliz
Tairi
Taisha
Taismary
Talian
Tamahara
Tamarie
Tamesha
Tamisha
Tammy
Tanaira

Tanairí
Tanairis
Tanairiz
Tanangiela
Tanea
Tanisha Mariah
Tanya
Tanyat
Tanysha
Tarisha
Taryn
Tasha
Tashira
Taty
Tavia
Tayisha
Taymarie
Taymary
Taymi
Taysha
Teody
Terebed
Termutis
Thais
Thais Yaitza
Thaisha
Thalisha
Thamayra
Thaysha

Thirsha
Tiani
Tihanys
Tilda
Timna
Tomasa
Tomika
Tyrsha

U

Ufelina
Umberlina
Urana
Ursina
Úrsula

V

Valeriana
Valeska
Valiann
Vallerinne
Valmary
Vanexa
Vanishka
Vasthy
Vasti

Veldi
Velia
Velma
Velmaris
Velmary
Velmaryz
Venancia
Venerable
Venice
Ventura
Veralucia
Veramary
Veranis
Verenisse
Veridiana
Vernice
Vernies
Verucha
Verushka
Vethzaida
Veyda
Vianka
Vickiana
Vickiara
Victlaine
Vidalina
Vildaliz
Vilkmarie
Vilmaly

Vincky
Vinelis
Violitza
Vionette
Virgemina
Virgen Concepción
Virgen Del Milagro
Virgen Librada
Virgen Luz
Virgen María
Virgen Milagros
Virgen Rosario
Virgenmina
Virgenminia
Virna
Virtudes
Visitacion
Vitalina
Vitmarie
Vivianeth
Vivianette
Viviannette
Vynia

W

Wailí
Wailly Enith

Waldemarys
Waldetrudis
Waleska
Walexa
Walezka
Walitzia
Walkidia
Walkiria
Walory
Walquiria
Wandaline
Wandalis
Wandaliz
Wandalys
Wandeling
Wandelyne
Wayda
Wayka
Welly
Wenda
Wendalee
Wendeline
Wendeliz
Wendilee
Wendilys
Wendylis
Wesleyana
Wexly
Widalis

Widalys
Widelisse Michelle
Widnelia
Wilca
Wilda
Wildalis
Wildaliz
Wildalys
Wildelia
Wildelis
Wildelys
Wileidy
Wileyshka
Wilfidia
Wilgermina
Wilianet
Wilka
Willanys
Willeyda
Willmeliz
Wilmarie
Wilmaris
Wilmary
Wilmarys
Wilmelia
Wilmelys
Wilmery
Wilmy
Wilnelia

Wilnelly
Wilnia
Wilsabel
Wilzaida
Wina
Winda
Windy
Windyannette
Windye
Winedsy
Winelia
Winneylka
Winnie
Winsensley
Witiza
Wukiath
Wylmary
Wyneska

X

Xaimara
Xaymara
Xaymarie
Xenia
Xenia Aixa
Ximara
Xiomara
Xiomara Yadira

Xiomarie
Xiomary
Xionelys

Y

Yaceska
Yachary
Yachira
Yackeline
Yadaris
Yadelies
Yadhira
Yadibel
Yadicha Yashlyn
Yadielys Nicole
Yadimar
Yadisha
Yaditxa
Yaditza
Yadixa
Yadlin
Yaelin
Yahaira
Yahairi
Yaheiry
Yahira
Yahitza

Yahiza
Yahymara
Yaideraimi
Yaidilee
Yaidimar
Yaika Lizette
Yail
Yaileen
Yaimet
Yaira
Yairelis
Yairene
Yaisa
Yaisa Nicolle
Yaitza
Yaixa
Yaiza
Yajaira
Yajarira
Yakaira
Yakira
Yaleika
Yalessia
Yalexis Lizbeth
Yalibeth
Yalis
Yalisbeth
Yalitza
Yalreisy

Yamaira
Yamalis
Yamalyna
Yamalys
Yamara
Yamaralys
Yamarie
Yamaris
Yamary
Yamayra
Yamel
Yamelisa
Yamelyn
Yameysis
Yamila
Yamileska
Yamilet
Yamileth
Yamilett
Yamilette
Yamilie
Yamilis
Yamilka
Yamily
Yamina
Yamira
Yamirca
Yamirka
Yamirla

Yamirmarie
Yamirta
Yamitza
Yamixa
Yan
Yanaira
Yanairis
Yanara
Yancy
Yandeliz
Yanedira
Yaneida
Yanelis
Yanelly
Yaneri
Yaneris
Yanet
Yanetsy
Yanette
Yaneydi
Yani
Yanibel
Yanil
Yanila
Yanilda
Yanilee
Yanilis Limar
Yanilka
Yanilsa

Yanina
Yanina Thaís
Yaninataís
Yaniny
Yanirah
Yaniralys
Yaniris
Yaniritza
Yanis
Yanissa
Yanisse
Yanitsia
Yanitza
Yanitzia
Yannet
Yany
Yanyra
Yaqueline
Yaquira
Yara
Yarah
Yarahika
Yaralise
Yaraliz
Yaredzel
Yarelis
Yarelise
Yareliz
Yarelly

Yarellys
Yarelys
Yaremi
Yari Marie
Yarian
Yaribel
Yaribette
Yaribka
Yariel
Yarielis
Yariely
Yarietzely
Yaril
Yarilis
Yarilitza
Yarilyn
Yarilys
Yarimar
Yarimel
Yarinta
Yarira
Yaris
Yarisa
Yarisabel
Yarisbeth
Yarisel
Yarisely
Yarishna
Yarismariel

Yarisol
Yarisse
Yaritsi
Yaritza
Yarixa
Yarleen
Yarlene
Yarlin
Yarlyn
Yary
Yarynette
Yasdel
Yaseiry
Yaselie
Yaselin
Yaselis
Yashera
Yashira
Yashira Yaril
Yashline
Yashlyn
Yasilis
Yasira
Yasiris
Yaslin
Yaslyn
Yasmarieliz
Yasmil
Yasmin

Yasmira
Yasmiry
Yassiris
Yatiana
Yatsiria
Yaxsaira
Yaxyra
Yaymari
Yaysa
Yazaira
Yazdel
Yazdely
Yazeni
Yazmarie
Yazmary
Yazmillie
Yazmín
Ydarmi
Ydeen
Ydelsa
Ydzia
Yeechmarie
Yehidy
Yehimarie
Yeida
Yeidi
Yeidimar
Yeidy
Yeileen

Yeilimar
Yeiliz
Yeimari
Yeimily
Yeimy
Yeincizuhey
Yeinsemin
Yeira
Yeirah
Yeisa
Yeisabelle
Yeisicar
Yeismary
Yeismel
Yeisy
Yeitza
Yeizamar
Yelisa
Yelissa
Yelitza
Yeliza
Yelizka
Yelmaris
Yely
Yelza
Yemím
Yemzie
Yenaira
Yendry

Yenetza	Yetzenia	Yodaima
Yenica	Yexeira	Yodallys
Yenifel	Yicella	Yodaris
Yenilivette	Yilda	Yohalyn
Yenipher	Yimara	Yohana
Yenisca	Yimari	Yohara
Yenitza	Yinellys	Yojeida
Yerania	Yinerva	Yolaida
Yerardine	Yinet	Yolane
Yérica	Yinette	Yolania
Yéricka	Yionelle	Yolery
Yérika	Yira	Yolian
Yerling	Yiralee	Yoliana
Yesabelle	Yisabel	Yolibeth
Yeseida	Yisel	Yolima
Yesen	Yiselle	Yolimar
Yeshaira	Yiting	Yolimarie
Yesibel	Yitzel	Yoliner
Yesica	Yixsel	Yoliz
Yesi	Ylen	Yoma
Yesika	Ylenia	Yomaira
Yeslianne	Yllia	Yomaly
Yesmaria	Yllian	Yomara
Yesmarie	Ylsa	Yomari
Yessenia	Yltrebsa	Yomarie
Yessica	Yma Angélica	Yomaris
Yessmin	Yminelis	Yomary
Yesury	Yoalin	Yomayra
Yetzaira	Yobeida	Yonaidaliz

Yonaira
Yonaly
Yoraima
Yoriam
Yormaris
Yorvidia
Yosanie
Yoselin
Yosineydi
Yosira
Yoslin
Yosmarily
Yosmary
Youkabel
Yrrah
Yuanivel
Yuberis
Yubie
Yudelca
Yudelka
Yuleishka
Yuliana
Yuliane
Yulimar
Yulmarie
Yumaila
Yumari
Yumary
Yuriann

Yurilú
Yurineshca
Yuris
Yvelisse
Yvette
Yvonne
Yzaira
Yziz

Z

Zacha
Zachaliez
Zadiel
Zahidee
Zahily
Zahira
Zahiry
Zahrines
Zaida
Zaideé
Zaimara
Zaimarys
Zair
Zaira
Zairimar
Zaismely
Zamailly

Zamarie
Zamary
Zarahy
Zareima
Zarelis
Zarely
Zaria
Zaritma
Zasha
Zaskia
Zayara
Zayda
Zaymara
Zayra
Zcheika
Zeisha
Zekarish
Zeleyca
Zelibeth
Zelma
Zenaida
Zenayda
Zenia
Zennia
Zereida
Zeyhashlee
Zeymarie
Zilkia
Zilma

Zilmarie	Zoribel	Zulgey
Zindy	Zorimar	Zulianie
Zinia	Zoritza	Zulie
Ziomary	Zory	Zulimar
Zoa	Zorybeth	Zulimi
Zobeida	Zoryleen	Zulin
Zobeyda	Zorylis	Zulinet
Zohamie	Zorymar	Zulivette
Zohemy	Zoybet	Zully
Zohima	Zuania	Zulma
Zoidariam	Zuheidi	Zulmara
Zoila	Zuheila	Zulmari
Zolimar	Zuheill	Zulmaria
Zolis	Zuheiri	Zulmarie
Zollianne	Zuheyli	Zulmary
Zomary	Zulaika	Zulymar
Zoogey	Zulaydi	Zumara
Zor	Zulei	Zunilda
Zoraida	Zuleida	Zurelis
Zoraidaliz	Zuleika	Zurisadai
Zoraigelyn	Zuleima	Zuritza
Zoraimee	Zuleine	Zusette
Zorangelie	Zulema	Zwinda
Zoraya	Zuleyca	Zylkia
Zorayda	Zuleyka	
Zorelee	Zuleyma	

NOMBRES PARA NIÑOS

NOMBRES PARA NIÑOS

A

Aarón
Abber
Abdel
Abdías
Abdiel
Abdon
Abel
Abiazail
Abiezer
Abimael
Abimanuel
Abimelec
Abnel Joel
Abner
Abnol
Abrahim
Absalon
Aburie

Acisclo
Adalberto
Adelino
Adenis
Adiel
Adman
Adnel
Adriel
Agapito
Agripino
Aguedo
Ahmed
Alcides
Aldred
Alejo
Alexi
Alicesar
Alnardo
Alvinjoel
Amadis

Amalio
Ambrosio
Amek
Amhid
Amid
Amil
Amilcar
Amin
Amircal
Amisael
Amyr
Anardy
Anastacio
Ander Amil
Aneudy
Angel David
Angel Yamil
Angelino
Aniceto
Aniel

Anstrong
Antolino
Aquilino
Aranis
Arcadio
Argenis
Arístides
Armides Josué
Artemio
Ashael
Asterio
Atanacio
Audas
Audberto
Auddy
Aureo
Auro
Ausberto
Avelino
Awildo
Axel Yamil

Belarminio
Bengie
Benigno
Benito
Benjacob
Benny
Benyamil
Berman
Bernardino
Berney
Bladimir
Blas
Blasino
Bonacio
Bonifacio
Bonosio
Boris
Brando
Brayan
Brayans
Bryan Amaury

Carmelo
Carpio
Carvajal
Casildo
Casimiro
Catalino
Cayetano
Ceasar
Ceferino
Celestino
Cesareo
Chariel
Chasidy
Chean
Chemán
Chinwandul
Christeve
Christian Obed
Cipriano
Cirito
Clodomiro
Confesor
Crispín

B

Balbino
Baltazas
Bartolo
Baudilio

C

Caleb Adiel
Calixto
Candelario
Carlos Yamil

D

Damaso
Dariel

Darwin
Dativo
Daxel
Delfín
Demencio
Demetrio
Denzel
Deonicio
Dereck
Derek Jarek
Deric
Derick
Derik
Dido
Dillian
Dimas
Dionisio
Diosis

E

Ebel
Ebenezer
Edelmiro
Ediberto
Edil
Edilberto
Edmanuel

Edmundo
Edwardo
Edwell
Eladi
Eladio
Elbert
Eldel
Elenio
Eleuterio
Eliad
Eliamil
Elidio
Eliel
Elier
Eliezel
Eliezer
Eligio
Elimael
Elio
Eliodoro
Elisamuel
Eliser
Eliú
Eliud
Eliut
Elliam
Ellis Joel
Elliut
Elmo

Elnardo
Eloino
Elpidio
Elso
Eluis
Eluterio
Elvin
Elvin Jetziel
Elvins
Elycar
Emérito
Emigdio
Emil
Emill
Emmanuel Lou-
briel
Endel
Enoc
Enoth
Enriquillo
Enudio
Epifanio
Erasmo
Erasto
Erdy
Erik
Erison
Ermelindo
Ermenegildo

Ervin
Esaud
Esmeraldo
Estaquio
Estebany
Etanislao
Etervino
Etiel
Eugenio
Eulalio
Eulices
Eulises
Eulogio
Eurico
Eusebio
Eustaquio
Eutimio
Evangelio
Evangelito
Evaristo
Evaristo Eddie
Evelio
Evelío
Ezequiel
Ezra

F

Falmar
Faustino
Feliberty
Felíz Antonio
Fernan
Florencio
Florentino
Fortunato
Fractuoso
Francis
Frankel
Frankie
Franklin
Freddie Yamel
Fredesvi
Frewi
Frilly Josue Joel
Froilan
Fructuoso
Fundador

G

Gabino
Gaddiel
Gadiel

Gamaliel
Gamalier
Genaro
Geodanny
Georgie
Geovanni
Geovannie
Geovanny
Geovenny
Geraldo
Gered
Germane
Gervasio
Gian
Gian Carlo
Gian Kevin
Giancarlo
Gidel
Gieron
Gildo
Giovanell
Giovaniel
Giovanny
Gladimil
Godofredo
Graciliano
Gualberto
Gualdemar
Guillermok

Gumercindo
Gumersindo

H

Hainze
Hajime
Harito
Heber
Hector Yamil
Heliodoro
Heraclides
Heranfel
Heri
Hermenegildo
Hermenegindo
Hermer
Hermes
Hervert
Higinio
Hilario
Hipólito
Hiro
Hubert

I

Ian Yaxiel

Ibrahims
Idaleccio
Idamith
Idefonso
Ildefonso
Irvin
Irving Jose
Isac
Isair
Isander
Isidoro
Ismer Javier
Issachar
Itzairo
Ivisnel

J

Jaddyer
Jadid
Jadiel
Jael
Jafet
Jagmel
Jairo
Jamal
Jamil
Jan

Jan Paul
Jancy
Jandani
Janiel
Jantzen Alexis
Japhet
Japhet Damian
Japheth
Jarek
Jarim
Jasiel Joel
Jatziel Omar
Jawy
Jaycob
Jayden
Jayson
Jean Carlos
Jeancarlos
Jeanmichael
Jeffry José
Jefred
Jehiel
Jenaro
Jeremmie
Jeremy Isac
Jeriel
Jester
Jesus Harold
Jetziel

Joatam
Jocabed
Joelo
Joemanuel
Joeza
Johnavye
Jomanny
Jomar
Jonathan Yoshy
Jonathaniel
Jonie
Jordan
Jordanny
Jordany
Jose Antoni
Jose Johnavye
Joseamid
Josean
Joselo
Joshuabel
Joshuael Alexander
Joshuam
Josiel
Jossan
Jossy
Josuan
Josue
Josymael
Jouhan

Jouhna
Jouseph
Jova
Jovan
Jovany
Jowel
Juan De Dios
Juan Yomar
Junisther
Juvencio

K

Kahlil
Kelvin
Kelvin Yahdiel
Kendry
Keniel
Kenn
Kennen
Kenny
Kermit
Keven
Keyvan
Kidanny
Kriss

L

Lando
Lao
Leandro
Leberato
Leiram
Lemuel
Lener
Lenny
Leocadio
Leomar
Leoncio
Leopoldo
Leovardo
Leovigildo
Leslie
Lesther
Lexter
Liborio
Lino
Lionel
Lionel Alexis
Lisandro
Lizander
Lizardo
Longino
Lope
Loyda

Lucio
Luigadiel
Luis Amadis
Luis Yeniel
Lupercio
Luz Celenia
Lydio
Lyndon

M

Magdaleno
Manlio
Manolin
Marcelino
Margaro
Mariano
Massy
Mawil
Maximino
Maysonet
Medardo
Melvin
Melvis
Melwin
Merquiádez
Mervin
Michael Lee

Micheal
Milton
Misael
Mitchel
Modesto
Monse
Mortimer

N

Nadir
Naldo
Narciso
Natanael
Natanel
Nathanael Josué
Neftalí
Neftaly
Neftarl
Nefty
Nehemías
Neldy
Nemecio
Neville
Nicanor
Nicasio
Niconor

O

Obbed
Obed
Obrian
Odilio Albert
Olimpio
Omile
Onesto
Onix
Opildo
Orlan
Ortelio
Otilio
Otoniel
Oveth
Owen

P

Papías
Paulino
Pelayo
Pelegrin
Perfecto
Plinio
Policarpio
Porfirio
Presbitero

Primitivo
Prisco
Prudencio

Q

Quintín

R

Ragíl
Raimundo
Ralphie Reuben
Ramil
Ramses
Randier
Raniel
Raymundo
Regalado
Reinald
Reinerio
Remigio
Renato
Restituto
Reubén
Reyn
Rigoberto

Roddy
Rodney
Rodo
Romer
Romualdo
Rómulo
Ronaldo
Rosendo
Ruperto

S

Sabino
Sadiel
Salustiano
Sanjurjo
Santos Eulogio
Saturnino
Saturnio
Seferino
Seifert
Severiano
Shalom
Shorty
Sigfred
Sigfredo
Sigfrido
Silbestre

Silvestre
Sinesio
Sirio
Sixto
Solivan
Stalin
Susano

T

Tedwin
Telésforo
Tenislao
Teófilo
Tereso
Tiburcio
Tito
Tomy

U

Ubaldino
Ulpiano
Ulsino
Urayoán
Urbano
Uriel

V

Vince

W

Wady Enrique
Wael
Waldemar
Wallace
Wascar
Washington
Wellington
Welmer
Wenceslao
Wendel
Wendeleez
Wendell
Wendoline
Wenseslao
Wenther
Wesley
Widenzon
Wigberto
Wilberto
Wilfred
Wilfredo
Wilhem

Wilkins
Will Xavier
Willnel
Wilmer
Wiriel
Wiso

X

Xandel

Y

Yacoub
Yadian Joel
Yadiel
Yadiel Joel
Yadiell
Yadriel
Yael
Yafet
Yaffet
Yahdiel
Yahir
Yamil
Yamil Doel
Yamill

Yamilo
Yamir
Yandel
Yandiel
Yanel
Yaniel
Yariel
Yasser
Yazan
Yeison
Yeniel
Yeriel
Yomar
Yomil
Yoniel Adnel
Yoshy

Z

Zabdiel
Zenon
Zoher
Zoilo
Zuriel

COMBINACIONES DE NOMBRES PARA NIÑAS

COMBINACIONES CON
"LIZ", "LIS", "LYS" & "LEE"

Abiliz

Adalis

Adaliz

Adarelys

Adelis

Adializ

Agracelis

Aidalis

Aideliz

Airaliz

Alys

Amarelis

Amareliz

Amarelys

Amerilys

Amirelis

Anacelis

Analiz

Andrealiz

Anellys

Angelee

Angeliz

Angelys

Angiliz

Annjoslys

Anyelys

Aranyelis

Aremelis

Aricelis

Artdalis

Arylis

Audeliz

Aurelis

Auronelis

Ayvialis

Bebalis

Beisaliz

Benalis

Brendalee

Brendalis

Brendaliz

Brendalys

Brialis

Brildalis

Carelis

Carelys

Celis

Charilys

Cheryliz

Chrisdaliz

Daibelis

Dalis

Damalis

Damarilys

Damirelys

Danaliz

Danelis

Danelys	Glaricelis	Ivelis
Danielys	Glendalis	Ivelys
Darelis	Glendaliz	Izomalee
Darielys	Glendalys	Janelee
Daybelis	Glewyndaliz	Janeliz
Delis	Glorieliz	Janellys
Diadeliz	Glorylee	Janelys
Dialis	Gricelis	Janiellys
Dianeliz	Grisdeliz	Janielys
Doraliz	Grysseyliz	Janiraliz
Doriliz	Hecdalis	Jarelis
Eislee	Hecmarelis	Jarielys
Elis	Hectlys	Jaychaliz
Eliz	Hiramilis	Jeannelis
Ellis	Horialis	Jelis
Emelee	Iberelis	Jeniliz
Emilys	Idalis	Jenillee
Enadilis	Idaliz	Jennylee
Evaliz	Idalys	Jennyliz
Evelis	Ideliz	Jeyliz
Eveliz	Idualys	Jisselys
Florangelis	Ileangelis	Jogalys
Flordeliz	Inelis	Johalys
Francheliz	Iralys	Josey Mirelys
Franshelis	Ireliz	Kareliz
Fransualis	Irelys	Karellys
Gabrieliz	Iriselis	Karelys
Giselys	Irmalis	Karielys
Gisselys	Irmarilis	Karlaliz

Kaylaliz
Keidaliz
Keilee
Keimalys
Kelly Janellys
Kenia Lee
Kenuelys
Keyla Liz
Keylee
Kiara Lee
Kiara Lis
Kiaralis
Kiaraliz
Kichayra Lee
Kimberlys
Koralys
Laurelys
Leemagdali
Leexandra
Leeziy
Liannelys
Liceliz
Lidelys
Lisaira
Lisanaeli
Lisandy
Lisangela
Lisaura
Lisbelle

Lisela
Lisell
Liset
Lisnel
Lissuannette
Lixalis
Liz Yinellys
Liz Yinellys
Lizaida
Lizalee
Lizalee
Lizanne
Lizaries
Lizayra
Lizbel Cristina
Lizbenette
Lizceidy
Lizdalia
Lizdeika
Lizdianel
Lizeida
Lizelyn
Lizmaira
Lizmeliz
Liznei
Liznel
Liznelly
Liznelt
Llarilys

Lourdeliz
Luznatalee
Lynelis
Lysandra
Lysbeth
Lyset
Lyska
Lysmarie
Lysmaris
Lysset
Lyssette
Lyssie
Lysvette
Madalis
Magalis
Magalys
Magdalis
Magdelis
Magdilis
Maibelis
Maibeliz
Mairilys
Maradalis
Maralis
Maraliz
Maranyelis
Marelis
Mariadelys
Marianellis

Mariangelis	Naikalee	Reinaliz
Mariangelys	Nardaliz	Rosalis
Maridelis	Naycha Liz	Rosaliz
Marieliz	Nayelis	Rutdaliz
Mariellys	Nayeliz	Saaelis
Marielys	Naylis	Sadoyeliz
Marisoliz	Nayrimlee	Sairelis
Marlis	Neimylis	Samaeliz
Marva Lee	Nelis	Sarangelys
Meralys	Nellys	Sashalee
Mervaliz	Nildalis	Soangelis
Midelis	Nilis	Soralis
Mignaliz	Nitzaliz	Sorializ
Mindelys	Nixsaliz	Sorieliz
Minelis	Noelis	Suhalee
Mineliz	Noralee	Sulis
Miraidaliz	Noralis	Surelys
Mirelis	Noraliz	Tairaliz
Mirelys	Noreliz	Vildaliz
Mirnaliz	Norelys	Vinelis
Mydalis	Normaliz	Wandalis
Myralis	Olgalys	Wandalys
Myreliz	Omarilys	Wendalee
Myrnaliz	Onellis	Wendeliz
Myrnelis	Orialis	Wendilee
Nachaliz	Orializ	Wendilys
Nadyalee	Osilys	Wendylis
Naelis	Raxelis	Widalis
Nahirlee	Reinalis	Widalys

Wildalis
Wildaliz
Wildalys
Wildelis
Wildelys
Willmeliz
Wilmelys
Xionelys
Yaidilee
Yairelis
Yalis
Yamalis
Yamalys
Yamaralys
Yamilis

Yandeliz
Yanelis
Yanilee
Yaniralys
Yaraliz
Yarelis
Yareliz
Yarellys
Yarelys
Yarielis
Yarilis
Yarilys
Yaselis
Yasilis
Yasmarieliz

Yeiliz
Yinellys
Yiralee
Yminelis
Yodallys
Yoliz
Yonaidaliz
Zarelis
Zeyhashlee
Zolis
Zoraidaliz
Zorelee
Zorylis
Zurelis

COMBINACIONES CON
"ANN", "ANNETTE" & "ANE"

Adriannette

Alexlyane

Aneida

Anel

Anelisa

Anellys

Aneris

Aneshka

Annelisse

Anneris

Annexaida

Annick

Annielith

Annjoslys

Annyoly

Cesiannette

Dannette

Dayane

Deliann

Doriann

Eliann

Eliannette

Gelliann

Gladyann

Gloryann

Illiane

Ivannette

Jashai Annette

Jeannette

Jeniann

Joann

Joannette

Kariann

Leshliane

Lissuannette

Loriann

Luzuannette

Merylane

Milliane

Oriann

Rosemarieann

Shelyann

Soane

Suannette

Valiann

Windyannette

Yolane

Yuliane

Yuriann

COMBINACIONES CON "ITZA" & "IXA"

Aitza	Itzaira	Leixa
Aixa	Itzamar	Maritza
Angelitza	Itzary	Melitza
Anitza	Ixa	Militza
Anixa	Ixaivia	Mititza
Belitza	Jaitza	Mylitza
Charitza	Janeixa	Naitza
Claraitza	Janitza	Neditza
Dalitza	Jaritza	Neitza
Daritza	Jelitza	Nelitza
Denitza	Jenitza	Neritza
Doritza	Jeritza	Nixa
Eitza	Jhaitza	Ritza
Evelitza	Jhanitza	Samitza
Gitza	Jinitza	Saritza
Gloritza	Julitza	Shalitza
Idette Yarixa	Junitza	Shera Yaitza
Itza	Karitza	Thais Yaitza
Itzahyana	Kelitza	Violitza

Xenia Aixa
Yaditza
Yadixa
Yahitza
Yaitza
Yaixa
Yalitza

Yamitza
Yamixa
Yaniritza
Yanitza
Yarilitza
Yaritza
Yarixa

Yeitza
Yelitza
Yenitza
Zoritza
Zuritza

COMBINACIONES CON
"MARIE", "MARY", "MARIS" & "MERY"

Abellemarie

Adelmarie

Ademaris

Adimarie

Agmarie

Aidimarie

Alimaris

Allymaris

Almarie

Bethmarie

Betzmarie

Carimarie

Carlysmary

Celesmarie

Chrismarie

Clarymarie

Dacmaris

Dagmarie

Dagmaris

Dagmary

Dalmarie

Damarie

Damary

Daumarie

Desmarie

Deximary

Diamaris

Didmarie

Dimarie

Dimaris

Dimary

Diomaris

Dycmarie

Dymarie

Dymaris

Edmarie

Edmary

Elimarie

Elismarie

Elymarie

Emmarie

Gamary

Germarie

Germaris

Gezette Marie

Gilmarie

Giomarie

Giomary

Gisellemarie

Glenn Marie

Gloriamary

Gretmarie

Greycha Marie

Grismarie

Guelmarie

Guimary

Gurian Marie

Hecmarie
Hecmary
Heisha Marie
Hermarie
Hildamaris
Ibelimary
Idamaris
Igmarie
Inmarie
Irmarie
Irmaris
Isamarie
Isamary
Ismarie
Ismary
Ivismarie
Jackmary
Jaimarie
Jamaris
Jashira Marie
Jaymarie
Jeanmarie
Jesamary
Jesmarie
Jesmary
Jessmarie
Jipsy Marie
Joanmarie
Joeny Marie

Johanny Marie
Jomarie
Jomary
Jormarie
Jossmarie
Joyce Marie
Jusmary
Karmarie
Katia Marie
Katilia Marie
Keishmary
Keymarie
Kiara Marie
Kiomarie
Kiomary
Kiomery
Lamaris
Leomaris
Lilmarie
Lumaris
Lumary
Lyanis Marie
Lychmarie
Lydimarie
Lymarie
Lymaris
Lymary
Lysmarie
Lysmaris

Marie Zulma
Marielix
Marieliz
Mariellys
Marielmi
Mariely
Marielys
Mariesely
Marisa
Marisel
Mariselix
Mariset
Marisoliz
Marissa
Mary Cheila
Marybet
Maryland
Maryliam
Marylisabet
Marytte
Melmary
Meryanne
Merylane
Meryssa
Milmary
Mimary
Mylmarie
Naymarie
Nechel Marie

Nelmary

Nemaris

Nermary

Nesmarie

Nicholle Marie

Nigmary

Nilmarie

Nilmaris

Nilmary

Nirmaris

Nismarie

Noemaris

Normarie

Normaris

Normary

Odemarie

Odemaris

Omaris

Rianchell Marie

Romaris

Rossmarie

Sachamarie

Sandimary

Selmarie

Shamary

Sharmarie

Sheylamarie

Silmarie

Silmary

Sofismarie

Solmarie

Solmary

Solymarie

Somarie

Sonmarie

Sulmary

Swimary

Sylmarie

Sylviamarie

Taismary

Tamarie

Taymarie

Taymary

Valmary

Velmaris

Velmary

Veramary

Vilkmarie

Vitmarie

Wilmarie

Wilmaris

Wilmary

Wilmery

Wylmary

Xaymarie

Xiomarie

Xiomary

Yamarie

Yamaris

Yamary

Yamirmarie

Yari Marie

Yazmarie

Yazmary

Yeechmarie

Yehimarie

Yeismary

Yelmaris

Yesmarie

Yolimarie

Yomarie

Yomaris

Yomary

Yormaris

Yosmary

Yulmarie

Yumary

Zamarie

Zamary

Zeymarie

Zilmarie

Ziomary

Zomary

Zulmarie

Zulmary

VARIACIONES DE NOMBRES PARA NIÑOS Y NIÑAS

EJEMPLOS DE VARIACIONES DE NOMBRES
PARA NIÑOS Y NIÑAS

ORIGINAL	VARIACIÓN		
Adolfo	Adolfina		
Adrián	Adriana		
Agustín	Agustina		
Alejandrino	Alejandrina		
Alejandro	Alejandra		
Alexander	Alexandra		
Alfonso	Alfonsina		
Andrés	Andrea		
Ángel	Ángela	Angelina	Angelita
Antonio	Antonia		
Arcadio	Arcadia		
Avelino	Avelina		
Basilio	Basilia		
Benito	Benita		
Cándido	Cándida		
Carlos	Carla		
Carmen	Carmelo		
Cecilia	Cecilio		
Claudio	Cluadia	Claudina	
Clemente	Clementina		
Cristina	Cristino		
Cristóbal	Cristobalina		
Daniel	Daniela		
Disonisio	Dionisia		
Domingo	Dominga		
Emanuel	Emanuela		
Emérito	Emérita		

ORIGINAL	VARIACIÓN	
Emilio	Emilia	
Eric	Erica	
Ernesto	Ernestina	
Eugenio	Eugenia	
Fabián	Fabiana	
Fausto	Fausta	Faustina
Federico	Federica	
Fernando	Fernanda	
Francisco	Francisca	
Gabriel	Gabriela	
Giovanni	Giovana	
Gregorio	Gregoria	
Guillermo	Guillermina	
Herminio	Herminia	
Hipólito	Hipólita	
Inocencio	Inocencia	
Jacinto	Jacinta	
Jesús	Jesusa	
Joaquín	Joaquina	
José	Josefa	Josefina
Juan	Juana	Juanita
Julián	Juliana	
Julio	Julia	Juliana
Leonardo	Leonarda	
Lisandra	Lisandro	
Lorenzo	Lorenza	
Luis	Luisa	
Manuel	Manuela	
Marcelo	Marcela	

ORIGINAL	VARIACIÓN	
Marcelino	Marcelina	
Margarita	Margarito	
María	Mario	Mariano
Máximo	Máxima	
Miguel	Miguela	Miguelina
Modesto	Modesta	
Nicolás	Nicolasa	Nicol
Octavio	Octavia	
Odilio	Odilia	
Patricio	Patricia	
Rafael	Rafaela	Rafaelina
Ramón	Ramona	Ramonita
Ricardo	Ricarda	
Roberto	Roberta	
Rogelio	Rogelia	
Rubén	Rubencia	
Salvador	Salvadora	
Sandra	Sandro	
Seferino	Seferina	
Simón	Simona	
Sixto	Sixta	
Teófilo	Teófila	
Teresa	Tereso	
Tomás	Tomasa	Tomasita
Valentín	Valentina	
Víctor	Victoria	

LOS 10 NOMBRES MÁS POPULARES 2006 - 2010

LOS 10 NOMBRES MÁS POPULARES DE PUERTO RICO PARA NIÑOS Y NIÑAS 2006 - 2010

Cada año la Administración del Seguro Social publica la lista de los 100 nombres de bebés más populares por cada Estado, incluyendo a Puerto Rico. La sección de Nombres Populares de la página de la Administración del Seguro Social tiene muchas cosas que puedes explorar. Entre ellas, combinaciones de nombres para gemelos, cuán popular ha sido tu propio nombre a través de los años y los cinco nombres más populares en los últimos 100 años. Aquí te presentamos los 10 nombres más populares en Puerto Rico para niños y niñas desde el 2006 al 2010.

LOS 10 NOMBRES MÁS POPULARES DEL 2010

POS.	NIÑOS	NIÑAS
1	Luis	Mía
2	Ángel	Kamila
3	Ian	Camila
4	Sebastián	Alondra
5	José	Valeria
6	Diego	Amanda
7	Adrián	Gabriela
8	Carlos	Andrea
9	Dylan	Adriana
10	Derek	Paola

Fuente: http://www.socialsecurity.gov/oact/babynames/territory/puertorico2010.html